Carola Wondrak

Analyse der Jupitersymphonie von Wolfgang Amadeus Mozart

GRIN Verlag

Bibliografische Information der Deutschen Nationalbibliothek:

Die Deutsche Bibliothek verzeichnet diese Publikation in der Deutschen National-
bibliografie; detaillierte bibliografische Daten sind im Internet über http://dnb.d-
nb.de/ abrufbar.

Impressum:

Copyright © 2008 GRIN Verlag GmbH
Druck und Bindung: Books on Demand GmbH, Norderstedt Germany
ISBN: 978-3-656-56304-4

Dieses Buch bei GRIN:

http://www.grin.com/de/e-book/262987/analyse-der-jupitersymphonie-von-wolfgang-
amadeus-mozart

Analyse der Jupitersymphonie

Carola Wondrak

12 Grundkurs

Inhaltsverzeichnis

1. Entstehung

Der Name: „Jupiter Symphonie" von Wolfgang Amadeus Mozart bezeichnet sein c- Dur Werk, das am 10. August 1788 veröffentlicht wurde[1]. Der Termin der Erstaufführung ist unbekannt. Ein anderer Name für diese Symphonie wäre „Symphonie Nummer 41"[2]. Das Werk (eigentlich alle seiner drei großen Symphonien) wurde wahrscheinlich dafür verfasst, dass es bei Subskriptionskonzerten (als Selbstveranstalter) aufgeführt werden konnte[3]. Diese Aufführungen sind mit ziemlich hoher Wahrscheinlichkeit nie zu Stande gekommen.

Die drei erwähnten großen Symphonien, KV 550 (g- moll), KV 543 (Es- Dur) und KV 551 (C- Dur)[4], werden in der Fachsprache unter „Symphonisches Triptychon von 1788" oder „Dreigestirn" bezeichnet[5].

Der Name „Jupitersymphonie" entsteht erst nach dem Tode von Wolfgang Amadeus Mozart durch den Komponisten und Konzertunternehmer Johann Peter Salomon[6]. Man kann den Namen auch inhaltlich begründen, indem man behauptet, dass der Name dadurch zu Stande kommt, dass die Symphonie die Gedanken und Assoziationen an das Erhabene und Göttliche weckt[7]. Und Jupiter ist nun einmal der mächtigste römische Gott[8].

2. Komponist

Johannes Chrysostomus Wolfgangus Theophilus Mozart, wie er mit vollem Namen heißt, war ein Komponist der Wiener Klassik[9],[10].

Wolfgang Amadeus Mozart lebte im 18. Jahrhundert[11]. Er wurde am 27. Januar 1756 in Salzburg geboren und starb am 5. Dezember 1791 in Wien[12].

Er galt schon seit seiner frühesten Kindheit als Wunderkind[13]. Es ist anzunehmen, dass er die musikalischen Gene geerbt hatte, denn sein Vater, Leopold Mozart war Geiger und Komponist[14]. Der junge Wolfgang wurde schon früh durch seinen Vater gefördert, so dass er mit sechs Jahren schon begann, zu komponieren[15]. Auch in seiner Jugend unternahm der Vater mit Johann Wolfgang und seiner Schwester, dem Nannerl, viele Konzertreisen. Zwischen 1762 und 1779 unternahm Mozart insgesamt sogar 10 Reisen[16]. 1782 heiratete er Konstanze Weber[17]. Mozart konnte nicht gut wirtschaften und mit dem Geld umgehen[18];

---

[1] http://www.musikmph.de/rare_music/work_introduction/m_r/mozart/1.html
[2] http://imslp.org/wiki/Symphony_No.41_in_C_major,_K.551_(Mozart,_Wolfgang_Amadeus)
[3] http://www.zeit.de/feuilleton/mozart_geschichte/kaiserreich/seite-4
[4] http://imslp.org/wiki/Symphony_No.41_in_C_major,_K.551_(Mozart,_Wolfgang_Amadeus)
[5] http://www.kammerorchesteramriswil.ch/wp-content/uploads/programm_sept11.pdf
[6] http://www.oehmsclassics.de/cd.php?formatid=386
[7] http://www.mozart-w-a.de/index.php?id=549
[8] http://www.cjd-koenigswinter.eu/faecher/latein/latein_ovid/max/personen/goetter.htm
[9] Mozart. Geld, Ruhm und Ehre, Günther G. Bauer, September 2009, ISBN-13: 978-3867960014
[10] http://geboren.am/person/Wolfgang_Amadeus_Mozart
[11] http://www.berliton.de/komponisten/MozartWA.htm
[12] http://www.wolfgang-amadeus.at/de/Das_Leben_von_Mozart.php
[13] http://www.focus.de/kultur/buecher/mozart/der-kinderstar_aid_18347.html
[14] http://www.klassika.info/Komponisten/Mozart/lebenslauf_1.html
[15] http://www.50plus.at/personen/mozart-wolfgang-amadeus
[16] http://www.martinschlu.de/kulturgeschichte/klassik/mozart/1768.htm
[17] http://www.mozartones.com/de/mozart/index.asp?id=10
[18] Mozart. Geld, Ruhm und Ehre, Günther G. Bauer, September 2009, ISBN-13: 978-3867960014

deshalb nahm er 1787 eine Anstellung am Königshof als Hofkomponist an, für die er jedoch nur ein sehr kleines Gehalt bekam[19].

Wieder zurück zur Musik: Mozart komponierte sehr viel und auch Stücke aus sehr verschiedenen Musikgattungen[20]. Hier einige Beispiele: Serenaden, Kassationen, Divertimenti, Klavierkonzerte, Violinkonzerte, Klarinettenkonzerte, Flötenkonzerte, Hornkonzerte, Violin-Klavier-Sonaten, Streichquartette, Klaviertrios, Fantasien, Bühnenwerke und Opern, Requiems, Messen und auch Sinfonien. Von den Sinfonien werden KV 543, KV 550 und KV 551 als besonders gelungen betrachtet.

3. Analyse

In der Jupitersymphonie verschmelzen barocke und klassische Gestaltungsweisen, wie die Fuge und die Sonatenhauptsatzform.
Das gesamte Werk ist im vier Viertel- Takt gehalten.
Die Symphonie ist in C-Dur gestaltet. C- Dur ist also die Tonika dieses Werkes. Daraus folgen:

Tonika	Subdominantparallele	Dominantparallele	Subdominante
C- Dur	d- moll	e- moll	F- Dur

Dominante	Tonikaparallele	VII	Tonika
G- Dur	a- moll	Vermindert h	C- Dur

Die gewählte Tonart C- Dur hat zur Folge, dass alle Stücke dieser Tonart sanft zart und vor allem naiv erscheinen. Aber auch Klänge, die Sieg ausstrahlen sind zu vernehmen. Dieser Klang wird unter anderem auch dadurch erzeugt, dass am Ende des ersten Satzes pompöse und ausdrucksstarke, appellierende Noten ihn abschließen.

Die Instrumentierung des Stückes ist wie folgt: eine Flöte (Flauto), zwei Oboen (Oboi), zwei Fagotte (Fagotti), zwei Hörner (in C) (Corni), ebenfalls zwei Pauken (Timpani) und zwei Trompeten (Trombe) und einige Streicher. Folgende Streichinstrumente sind notiert: (Bass-) Cello (Violoncello e Basso), Violine (Violino) und Viola.

Die gesamte Taktanzahl des Stückes beläuft sich auf[21]:

	313 (erster Satz)
+	101 (zweiter Satz)
+	087 (dritter Satz)
+	424 (vierter Satz)

925

Der erste Satz der Symphonie ist in der Sonatenhauptsatzform gestaltet worden und lässt sich daher klar definieren. Der erste Satz ist in Allegro vivace gehalten[22]. Er endet mit dem letzten Takt auf Seite 29 und setzt sich aus 313 Takten zusammen. Er endet auf einer Generalpause.

---

[19] http://www.classic-arietta.de/lexikon/wolfgang_amadeus_mozart.html
[20] Wolfgang Amadeus Mozart (Große Komponisten), Hermann Abert, Jazzybee Verlag, 2012
[21] Mozart, Jupitersymphonie, KV 551

Der erste Satz wirkt auf mich vor allem sehr feierlich und drückt Eleganz und Lebenslust aus. Jeder kann hören, wie hoheitsvoll dieses Stück klingt.

a. Exposition

i. Einleitung

Es ist keine Einleitung vorhanden, denn das Hauptthema beginnt gleich im ersten Takt.

ii. Hauptthema / Hauptsatz

Das Hauptthema beginnt im Takt eins und wird bis zum Takt acht fortgeführt. Hier ist der achte Takt inklusiv betrachtet. Es gilt als Hauptthema und nicht als Hauptsatz, weil es nicht so lang ist. Das Thema ist symmetrisch, was bedeutet, dass es noch einmal gliederbar ist. (Der eine Teil sind die Takte eins bis zwei, und ab Takt drei beginnt sich auch der Ausdruck des Themas zu wandeln.) Im ersten Takt, der schon zum Thema gehört, den man aber auch als Einleitung betrachten kann, spielen Flöte, Fagott und Oboe unisono. Ebenfalls spielen Violine, Viola und Bass unisono.

Beim ersten Thema befindet sich das motivische Material in den Stimmen verschiedener Instrumente. Das Thema wird gespielt von den Streichern und den Holzbläsern. (Genauer, durch Flöte und Oboe, aber nicht nur durch diese zwei.)
Der Tonumfang beträgt die Spanne zwischen dem Großen G und dem zweigestrichenen C.
Eigentlich würde ich das Thema als arioso bezeichnen, weil man es ohne große Mühe mitsummen kann und auch möchte, aber andererseits ist die Symphonie kein vokales Stück. Andere treffende Bezeichnungen wären wahrscheinlich auch die Begriffe: dolce und grazioso, um den Klang des Themas in Worte zu fassen. Fest steht aber, dass das erste Thema sehr zweigeteilt ist. Das sieht man vor allem an der Rhythmik: schnelle achtel- Noten (Takt 1 und 5) stehen im Kontrast zu weich verbundenen (zum Teil auch punktierten) Viertelnoten (Takt 2,3,4,7 und 8)[23]. Demnach ist es für den Hörer so etwas, wie ein ritardando, das von einem accellerando gefolgt ist. In der Legato- Phase (Takte 2,3,4,7 und 8) wirken die Intervalle zwischen den Noten konsonant.
Das erste Thema steht in c- Dur, der Dominanttonart des gesamten Werkes. Das erkennt man daran, dass es keine Vorzeichen gibt.
Der erste Zusammenklang setzt sich nur aus C s zusammen, von denen einige oktaviert gespielt werden.
In Takt 28 kann man einen Teil des ersten Themas, also ein Motiv wieder finden. Ebenso tauchen Teile des ersten Themas auch in den Takten 38 und 39 wieder auf. Im Takt 54 bis 57 wird von der Viola ein Teil des Themas wiedergegeben.

---

[22] Mozart, Jupitersymphonie, KV 551
[23] Edition Eulenburg, Mozart, Symphony (Jupiter), c major, Ernst Eulenburg Ltd., London- Zürich- Mainz- New York, No. 401

iii. erster Zwischensatz

Dieser Zwischensatz wird durch eine Generalpause im Takt 55 abgeschlossen.
Er beginnt im Takt 37.

iv. Seitensatz/ Seitenthema

Das zweite Thema befindet sich im Takt 56 bis zum Takt 60 (inklusive), also
das Seitenthema ist nicht symmetrisch, es lässt sich also nicht weiter aufteilen.
Das zweite Thema ist in G- Dur, der Dominanttonart gestaltet worden. Ein
Hinweis auf diese Tonart findet sich auch gleich im ersten Zusammenklang: In
Takt 56 auf den ersten Schlag erklingen hier h, g und d. Hier hat man also den
G- Dur- Akkord gebildet.
Das Thema klingt anmutig und schwärmerisch- verliebt. Ist aber nicht sehr
langsam und träumerisch aufgebaut, sondern es zieht schnell vorüber und
bringt eine fröhliche Stimmung mit sich.
Das Thema hat eine beruhigende Wirkung, da es die gleiche Lautstärke und
Struktur beibehält und gleichmäßig in einer fröhlichen Art komponiert ist.
Der Tonumfang reicht hier vom kleinen g bis zum zweigestrichenen C. Das
ganze Thema besteht nur aus achtel, vereinzelt bis zu sechzehntel Noten, die
die Violine spielt und wird begleitet von Cello und Viola.
Der Takt 61 ist ein Überleitungstakt, der auch eigenes motivisches Material
besitzt, welches jedoch nicht weiter verarbeitet wird.
Im Takt 70 taucht in der Stimme der Violine ein Motiv des zweiten Themas
wieder auf.

v. zweiter Zwischensatz

Modulationen:
Die Verarbeitung beginnt in Takt 61, jedoch ist der Takt 61 wie schon benannt
ein Überleitungstakt. Auffällig ist, dass der Takt 65 dem Takt 69 gleicht[24]. (Die
Takte sind nicht identisch, aber es gibt eine rhythmische Wiederholung auf
einer anderen Tonhöhe, was man Sequenzierung nennt.)
In den Takten 62 bis 79 (inklusive) findet die Ausbreitung, beziehungsweise
die Ausführung des zweiten Themas statt[25]. Auch hier ist der
Überleitungscharakter wieder gut zu erkennen[26]. Die Generalpause in Takt 80
zeigt, dass etwas Neues eingeleitet und etwas altes abgeschlossen wird
Der Zwischensatz im eigentlichen Sinn befindet sich in den Takten 81 bis 100
und wird durch zwei Generalpausen von den anderen Formteilen getrennt[27].
Dem Thema des Zwischensatzes, Takt 81 bis zum Takt 84, folgt keine
Auflösung. Das Thema ist nur vier Takte lang, jedoch trotzdem nicht
symmetrisch. Im Kontrast zum Gesamtwerk ist der Zwischensatz aufgebaut. Er
klingt ganz anders als der Rest des ersten Satzes; das bedeutet, dass er eine
kontrastierende Wirkung im gesamten Stück einnimmt. Man kann hier sogar

---

[24] Mozart, Jupitersymphonie, KV 551
[25] Mozart, Jupitersymphonie, KV 551
[26] Mozart, Jupitersymphonie, KV 551
[27] Edition Eulenburg, Mozart, Symphony (Jupiter), c major, Ernst Eulenburg Ltd., London- Zürich- Mainz- New
York, No. 401

eine kurzfristige Gegenstimme vorfinden. In den Takten 89 bis 90 findet man eine Sequenz; hier wird das thematische Material wieder aufgenommen[28]. Danach folgt wieder eine Modulation bis zum Takt 110. Auch hier ist der Überleitungscharakter wieder gut zu erkennen, denn diese Takte werden benötigt, um zur Coda hinzuführen und bereiten sie in dieser Art und Weise auch vor.

vi. Coda/ Schlussgruppe

In den Takten 111 bis 120 findet man die Coda. Die Epilog- Coda ist von zwei kurzen Generalpausen umgeben, die sie von den anderen Formteilen abgrenzen. (Der Epilog umfasst nämlich die Takte 101 bis 120 (inklusive)[29].) Der Epilog des ersten Satzes ist noch einmal unterteilbar. Also ist auch er symmetrisch. Die Coda klingt ausgelassen und heiter, was man darauf zurückführen kann, dass sie in G-Dur verfasst ist. G- Dur ist in diesem Werk von Mozart die Dominanttonart.

b. Durchführung

In der Durchführung von Mozarts C- Dur Opus wird zu erst das Seitenthema verarbeitet und dann das Hauptthema. Auch hier findet wieder eine Modulation statt: von G- Dur nach Es-Dur[30].
Das Seitenthema taucht mit seinem Motiv der achtel Noten immer wieder auf. Diese Gruppe wird imitierend gespielt. Und zwar von folgenden Instrumenten: Violinen, Cello, Viola und Contrabass. Das ist der erste Teil der Durchführung.
Der zweite Teil der Durchführung beschäftigt sich mit dem Hauptthema. Es erklingt in F-Dur[31].

c. Reprise

Mozarts Reprise bearbeitet zuerst das Hauptthema in C- Dur, der Tonika des Stückes, dann gibt es wieder einen Zwischensatz und danach folgt das Seitenthema in C- Dur. Darauf folgt der zweite Zwischensatz und wiederum darauf die Schlussgruppe in C- Dur.
Dadurch, dass alle Themen in der Reprise in C- Dur stehen, wird die Spannung und die Unruhe zwischen den Themen vermindert und es folgt daraus, dass das Werk harmonisch ausklingt. Hier folgt die Komposition vollständig den Regeln der Sonatenhauptsatzform, weil alle Themen wieder auf genommen werden und das in der Tonika, der Grundtonart: C- Dur[32].

---

[28] Mozart, Jupitersymphonie, KV 551
[29] Edition Eulenburg, Mozart, Symphony (Jupiter), c major, Ernst Eulenburg Ltd., London- Zürich- Mainz- New York, No. 401
[30] Mozart, Jupitersymphonie, KV 551
[31] Mozart, Jupitersymphonie, KV 551
[32] Mozart, Jupitersymphonie, KV 551

d. zweiter Satz

Der zweite Satz wird Andante cantabile gespielt. Er ist in F- Dur oder d- moll komponiert (es gibt ein b-Vorzeichen) und im 3/4tel Takt aufgebaut. Er beginnt auf Seite 30 im ersten Takt. – für die Vermutung, dass hier d- moll richtig ist, spricht, dass der erste Akkord g- moll ist. Das wäre die Subdominante zu d- moll und würde von der Harmonik her sehr gut hinein passen. Für F- Dur würde sprechen, dass es hier die Subdominantparallele wäre.
Im fünften Takt findet man Triolen und im Rest des Satzes Synkopen. Das führt dazu, dass der Melodiefluss ins Stocken gerät und Unruhe vermittelt wird.
Der zweite Satz endet auf Seite 45 mit dem letzten Takt. Er umfasst 101 Takte[33].

e. dritter Satz

Der dritte Satz wird Allegretto gespielt. Er beginnt auf Seite 46 im ersten Takt. Der dritte Satz ist für ein Trio gestaltet. Es ist ein Menuett in C- Dur und ebenfalls, wie der zweite Satz im ¾ tel Takt.
Trotz dem 3/4tel Taktes, der auch für Walzer verwendet wird, klingt er nicht, als ob man darauf gut tanzen könnte. Der Rhythmus wird kontrapunktisch verändert.
Hier kann man erkennen, dass ein Teil des Menuetts Motive des zweiten Themas des ersten Satzes enthält, der ja in der Sonatenhauptsatzform gestaltet ist.
Zwischen den Takten 83 und 87 kommt es zu einem Notenschlüsselwechsel[34].
Im letzten Takt des dritten Satzes, auf Seite 51, wird das Menuett ausgespielt oder ausklingen gelassen. Hierzu gibt es eine Fermate. Das Stück endet nach diesem Takt. Der vierte Satz beinhaltet 87 Takte.

f. vierter Satz

Der vierte Satz, der Finalsatz, wird Molto Allegro gespielt. Der letzte Satz der Symphonie ist in C-Dur gehalten. Hier taucht der vier Viertel-Takt wieder auf. Der vierte Satz beginnt auf Seite 52 im ersten Takt und endet auf Seite 84. Im Takt 424 auf einer Pause.
Im vierten Satz findet man Fugen, die als Formdehnungsmittel und Steigerungsmittel der Spannung gebraucht werden.
In der Coda des vierten Satzes erklingen mehrere Themen gleichzeitig.
Man findet barocke Merkmale, wie zum Beispiel Orgelpunkte und Generalpausen[35]. Das Seitenthema des vierten Satzes fungiert hier auch als drittes Thema des vierten Satzes, wie bei einer Fuge, die nur ein Thema hat.

---

[33] Mozart, Jupitersymphonie, KV 551
[34] Mozart, Jupitersymphonie, KV 551
[35] Edition Eulenburg, Mozart, Symphony (Jupiter), c major, Ernst Eulenburg Ltd., London- Zürich- Mainz- New York, No. 401